Made in the USA
Monee, IL
06 December 2020

51219873R00056